Liebe Freunde,

die Motive aus diesem Buch erinnern an die verschiedenen Jahreszeiten und Feste.

Lässt der Frühling auf sich warten, so locken Sie ihn doch mit ein paar Farbtupfern, wie den lässigen Hasen Heiner oder den kleinen Bienchen.
Leuchtturm, Möwe und Piraten-Paule an der Tür – da denkt bestimmt jeder gerne an den Sommer und träumt schon vom nächsten Urlaub.
An stürmischen Herbsttagen bereitet man Gästen gerne einen freundlichen Empfang. Die Willkommen-Schilder helfen dabei.
Auch der Apfel, den Malte der Mäuserich schon angeknabbert hat oder die Fledermaus, die gleich auf dem Kürbis landet, lassen Ihre Terrasse oder den Balkon fröhlicher erscheinen.
Und vielleicht verschicken Sie zur Weihnachtszeit einmal Grüße, die noch viele Jahre an den Absender erinnern.

Bestimmt ist auch etwas dabei, das bald Ihr Zuhause dekorativ schmücken wird.

Viel Freude beim

Sägen, Schmirgeln, Malen und Dekorieren

wünscht Ihnen

Material und Werkzeug

- Sperrholz
- Acryllack (glänzend oder seidenmatt)
- Farblose Dickschicht-lasur (oder Klarlack)
- schwarzer Lackstift
- Holzleim
- Kraftkleber
- Pinsel
- Rundholz-stäbe
- Laubsäge oder De-kupiersäge
- Sägeblätter für Holz
- Bohrmaschi-ne
- Holzbohrer
- Schmirgel-papier (Kör-nung 120)
- Rundkopf-stifte aus Messing

Weitere Materialien wie Nylonfäden, Schrauben, Bast etc. sind in den einzelnen Anleitungen angegeben.

Das Holz

Sperrholz besteht aus dünnen Holzplatten, die maserungsversetzt übereinander geleimt sind. Sie bekommen es in verschiedenen Holzarten und unterschiedlichen Stärken. Alle Sägearbeiten, die draußen ihren Platz finden sollen, müssen aus wasserfest verleimtem Sperrholz hergestellt werden.
Ich verwende für meine Arbeiten ausschließlich Birkenholz (wasserfest verleimt) und habe damit sehr gute Erfahrungen gemacht, da die Maserung sehr fein ist und das Holz eine sehr helle Farbe hat. Aber natürlich können Sie auch jede andere Holzsorte verwenden.
Sie bekommen Sperrholz in Holzhandlungen, Schreinereien und Baumärkten. Oft gibt es auch preisgünstige Reststücke.

Die Farben

Buntlack

Die im Buch gezeigten Arbeiten sind alle mit Acryllack bemalt worden. Die Farben haben den Vorteil, dass sie wasserlöslich und schadstoffarm sind. Nach dem Trocknen sind sie jedoch wasserfest. Sie lassen sich prima untereinander mischen und man kann schöne Effekte erzielen.
Die Lacke (seidenmatt oder glänzend) erhält man in Baumärkten, Fachgeschäften für Künstlerbedarf und in kleinen Mengen im Bastelfachhandel.

Lackstift

Die Konturen der Arbeiten tragen Sie mit einem schwarzen Lackstift auf. Er hat den Vorteil, dass er schnell trocknet und lichtbeständig ist. Leider kann jedoch eine gezeichnete Linie schwer korrigiert werden. Also muss jeder Strich sitzen.
Lackstifte bekommt man im Schreibwarenbedarf oder in Bastelgeschäften.

Klarlack

Für alle Werke verwenden Sie als abschließenden Anstrich farblose Dickschichtlasur auf Wasserbasis.
Es gibt jedoch auch farblose Acryllacke, die Sie je nach Geschmack seidenglänzend oder matt wählen können.

Die Pinsel

Bei den Pinseln ist es durchaus angebracht etwas mehr Geld auszugeben und auf Qualität zu achten. Ich verwende Synthetikhaarpinsel, die im mittleren Preisbereich liegen, jedoch formstabil sind und es somit ermöglichen, gezielte Linien zu malen. Bei guter Pflege halten sie sehr lange. Also immer sofort auswaschen und mit dem Pinselkopf nach oben in ein leeres Wasserglas stellen.
Für den Anfang reichen drei Pinsel in den Größen 1, 3 und 5 sowie ein flacher breiter Pinsel Größe 12 völlig aus.
Pinsel in großer Auswahl erhalten Sie im Bastelfachhandel.

Tipps und Tricks

Leim

Bei den Gartensteckern wird das Holz an den Rundstab geleimt. Achten Sie darauf, dass der Leim wasserfest ist.

Nägel

Verwenden Sie Rundkopfstifte aus Messing, vor allem im Außenbereich, weil diese nicht rosten. Rundkopfstifte gibt es in unterschiedlichen Stärken und Längen. Damit Sie nicht mehrere Packungen mit unterschiedlichen Längen kaufen müssen, können Sie auch längere nehmen und diese dann bei Bedarf mit der Kneifzange einkürzen.

Rundstäbe

Rundstäbe aus Buchenholz sind fester und stabiler als z. B. Rundstäbe aus Kiefernholz.
Sie erhalten sie in Baumärkten und im Bastelfachhandel.

Die Laubsäge

Eine Handlaubsäge kostet nicht viel und es können auch schon kleinere Kinder gut damit umgehen. Zur Grundausstattung benötigen Sie einen Laubsägebogen und ein Sägetischchen mit einer Schraubzwinge. Vielleicht möchten Sie sich auch eine Dekupiersäge (elektrische Laubsäge) anschaffen oder Sie können sich eine ausleihen, wodurch die Arbeit natürlich sehr erleichtert wird. Diese Sägen werden in unterschiedlichen Preislagen im Handel angeboten. Beim Kauf sollten Sie darauf achten, dass der Abstand zwischen Sägeblatt und Gehäuse der Säge groß genug ist. Je tiefer er ist, umso größere Teile können Sie aussägen.

Sägeblätter

Sägeblätter für Holz erhalten Sie in verschiedenen Stärken.
Dünne Sägeblätter mit feiner Zahnung (Nr. 1) benötigen Sie bei feinen, filigranen Schnitten und dünnem Sperrholz. Bei dickerem Holz wählt man eine gröbere Zahnung. Bei zu feinen Sägeblättern würden die Blätter im dicken Holz schnell reißen. Wählt man jedoch eine zu grobe Zahnung für dünnes Sperrholz, so wird das Holz an der Schnittkante ausreißen.
Probieren Sie es einfach aus.
Ich verwende meistens Sägeblätter in den Stärken 3 oder 5.

Bohrmaschine und Bohrer

Kleine Löcher bohren Sie mit einer Bohrmaschine. Legen Sie immer ein Stückchen Abfallholz an der zu bohrenden Stelle unter das Werkstück, damit das Holz auf der Rückseite nicht ausreißt.
Holzbohrer gibt es in den Stärken 4 mm bis 14 mm Durchmesser. Für noch kleinere Löcher können Sie auch einen Metallbohrer verwenden.

Schmirgelpapier

Ich verwende Schmirgelpapier mit der Körnung 120 bis 160. Sie erleichtern sich auch hier die Arbeit mit einem elektrischen Schwingschleifer für die großen Flächen. Die Kanten glätten Sie mit einem Holzklötzchen, um das Sie Schmirgelpapier wickeln.

Schritt für Schritt erklärt

Vorlagen übertragen

Glätten Sie zuerst die Vorder- und Rückseite des Holzstücks, das Sie aussägen wollen, mit Schmirgelpapier. Übertragen Sie dann die Vorderseite der einzelnen Arbeiten. So erhalten Sie die Umrisslinien samt Innenkonturen. Diese lassen sich einfach auf das Holz abbügeln. Schneiden Sie hierzu die Bügelvorlage aus und legen Sie sie mit der bedruckten Seite nach unten auf das Holz. Dann setzen Sie das Bügeleisen kurz auf und testen durch Anheben einer Ecke des Vorlagenbogens, ob genügend Farbe übertragen wurde. Wenn nicht, wiederholen Sie diesen Vorgang. Bitte bewegen Sie das Bügeleisen nicht kreisend, sonst löst sich die Farbe schnell auf und die Motivvorlage wäre nur ein- bis zweimal zu benutzen.

Motiv aussägen

Schrauben Sie das Sägeblatt auf einer Seite zwischen den Klemmbacken fest. Achten Sie darauf, dass die Sägezähne vom Sägebogen weg und nach unten zeigen. Dann drücken Sie den Bogen der Säge etwas zusammen und schrauben die andere Seite des Sägeblattes fest. Fertig!

Schrauben Sie jetzt das Sägetischchen mit einer Schraubzwinge an der Arbeitsplatte fest. Das Tischchen ermöglicht freies Arbeiten, ohne dass Sie Angst haben müssen, die Arbeitsplatte zu beschädigen.

Legen Sie das Sperrholz auf das Sägetischchen und halten Sie es mit einer Hand fest.

Die andere Hand führt die Säge senkrecht von oben nach unten durch das Holz. Jedoch nicht zu sehr nach vorne schieben. Dann

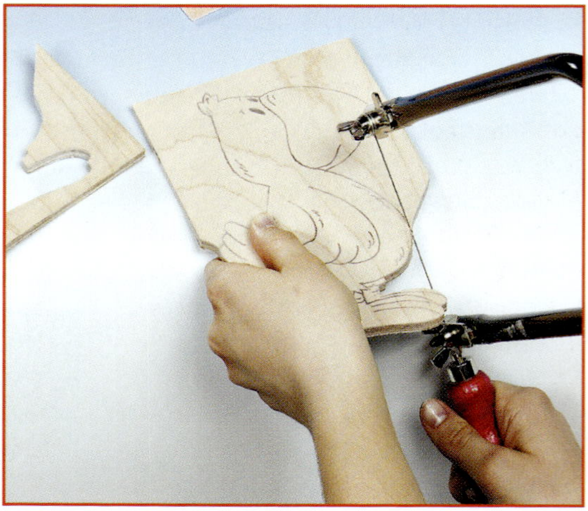

wieder locker aufwärts führen. So verfahren Sie immer weiter. Schon bald werden Sie das richtige Gespür für das Sägen bekommen.

Bei sehr engen Kurven sägen Sie auf der Stelle und drehen das Holz in die gewünschte Richtung. Auf gar keinen Fall die Säge in die neue Richtung drehen, da sich sonst das Sägeblatt verdrehen und reißen würde.

Um Innenausschnitte sägen zu können, müssen Sie in die auszusägende Fläche erst ein kleines Loch bohren. Sie lösen das Sägeblatt dann auf einer Seite, führen es durch das Loch und schrauben es zwischen den Klemmbacken wieder fest. Jetzt können Sie den Innenausschnitt aussägen.
Sie können auch in sehr spitzen Winkeln ein kleines Loch vorbohren.
Bei Dekupiersägen erhalten Sie eine saubere Schnittkante, wenn Sie Presspappe unter das Holz legen.

Bohren und Schmirgeln

Nehmen Sie die notwendigen Bohrungen vor und denken Sie daran, immer ein Stückchen Abfallholz unter das Werkstück zu legen, damit die Bohrung nicht ausfranst. Runden Sie nun die Außenkanten mit Schmirgelpapier etwas ab. Mit einem weichen Lappen entstauben Sie alle Holzteile.

Konturen der Rückseite

Ist die Vorder- und Rückseite unterschiedlich, gibt es auch unterschiedliche Vorlagen zum Abbügeln. Bügeln Sie nun auf die entstaubten Holzteile die Rückseiten-Vorlage.
Die Vorlagen lassen sich bis zu zehnmal abbügeln.

Grundieren

Alle Teile grundieren Sie jetzt mit verdünntem weißen Acryllack (Verhältnis: 1 Teil Wasser auf 2 Teile Lack). Dadurch werden die fertigen Werke haltbarer und die Farben des zweiten Malarbeitsganges leuchten besonders schön. Bemalen Sie zuerst die Ränder und dann die Vorder- und Rückseite.
Nachdem die Grundierung getrocknet ist, können Sie die aufgebügelten Konturen wieder deutlich erkennen.

Bemalen

Mit buntem Lack bemalen Sie jetzt die Holzteile von vorne und hinten. Immer zuerst die Ränder, dann können diese auch nicht vergessen werden.
Versuchen Sie auch ruhig mit einer anderen Farbe in die feuchte Farbe zu malen. Dadurch entstehen oft schöne Effekte.
Dieser Anstrich muss wieder gut trocknen, am besten über Nacht.
Eilige können auch mit dem Föhn nachhelfen!

Konturen

Mit dem Lackstift zeichnen Sie die aufgebügelten Konturen nach.
Dann wird das fast fertige Werk nur noch einmal mit farbloser Dickschichtlasur überzogen, damit es haltbar, schmutz- und staubabweisend wird und einen schönen Glanz erhält.

Heiner, der Hase

Nachdem Sie die Holzflächen geglättet haben, stauben Sie das Werkstück ab und bügeln die Konturen auf die Vorder- und Rückseite. Dann aussägen und die Kanten schmirgeln. Bohren Sie an den markierten Stellen je 3 Löcher in die Bodenplatte und in die Unterseite des Hasen. Jetzt leimen Sie den Hasen auf die Platte und fixieren ihn mit den drei Schrauben. Sägen Sie danach das Grasbüschel und die Teelichtumrandung aus. Beides schmirgeln und die Teile zusammenleimen. Bohren Sie nun zwei Löcher in die Hand des Hasen und in das Grasbüschel und schrauben dieses fest auf die Hand (Holzleim nicht vergessen!). Grundieren Sie alles mit verdünnter weißer Acrylfarbe und lassen diese gut trocknen. Dann bemalen Sie Ihren Heiner. Er wirkt lebendiger, indem Sie helle und dunkle Schattierungen anlegen. Nach dem Trocknen zeichnen Sie mit dem Lackstift die Konturen nach und versiegeln Sie den ganzen Hasen mit Dickschichtlasur.

Farben mischen

Mit Weiß und Gelb hellen Sie die braune Farbe auf und mit Rot und etwas Blau legen Sie dunkle Schattierungen an.

Material

- Acryllack in Weiß, Blau, Hellgrün, Gelb, Rot und Braun
- Lackstift (edding 751, schwarz)
- Dickschichtlasur, farblos
- 5 Holzschrauben, Messing, ø 2 mm, 12 mm lang

Andrea Hochstrat
Freunde aus Holz
Laubsägearbeiten mit abbügelbaren Vorlagen

Piraten-Paule (Abbildung Seite 1)

Schmirgeln Sie die Vorder- und Rückseite des Sperrholzstückes gründlich und stauben Sie es mit einem weichen Tuch ab. Bügeln Sie die Konturen auf das Holz und sägen Sie das Motiv aus. Mit dem Bügeleisen übertragen Sie auch die Konturen für die Rückseite. Danach die Kanten schmirgeln. Um den Rundstab am Raben befestigen zu können, muss dieser an einer Seite abgeflacht werden. Hierzu sägen Sie die Kopfseite des Stabes ca. 2 cm tief ein und entfernen dann vorsichtig die eine Hälfte des geteilten Stabes. Haben Sie einen Bandschleifer zur Verfügung, genügt es, den Stab ca. 2 cm an einem Ende kurz anzuschleifen. Es entsteht eine Fläche, die Sie an der dafür vorgesehenen Markierung auf den Raben leimen und dann festnageln. Jetzt grundieren Sie den Raben mit verdünntem weißen Acryllack. Ist der Lack getrocknet, können Sie mit der Bemalung beginnen, da die aufgebügelten Konturen trotz weißer Grundierung noch gut zu erkennen sind. Achten Sie beim Bemalen auch immer auf die Kanten. Ich bemale immer beide Seiten gleichzeitig, da man das Werkstück gut am Stab festhalten kann. Lassen Sie die Farben gut durchtrocknen, erst dann können Sie mit dem schwarzen Lackstift die Konturen aufzeichnen. Zum Schluss wird der Rabe samt Stab mit Dickschichtlasur lackiert. Beginnen Sie mit den Kanten.

Farben mischen

Die Farbe Orange mischen Sie mit Gelb und Rot.

Material

- Sperrholz, 6 mm stark, 13 cm x 20 cm, Rundstab, ø 10 mm, ca. 25 cm lang
- Acryllack in Schwarz, Weiß, Gelb, Grün, Braun und Blau
- Lackstift (edding 751, schwarz)
- Dickschichtlasur farblos
- Rundkopfstifte aus Messing, ø 1,2 mm, 13 mm lang
- Holzleim

Vorlagenbogen 1

Fotos: frechverlag GmbH, 70499 Stuttgart;
Fotostudio Ullrich & Co., Renningen

Dieses Buch enthält: 4 Vorlagenbogen

Auflage:	5.	4.	3.	2.	1.	Letzte Zahlen
Jahr:	2007	2006	2005	2004	2003	maßgebend

ISBN 3-7724-3173-9 · Best.-Nr. 3173

frechverlag GmbH, 70499 Stuttgart
Druck: frechdruck GmbH, 70499 Stuttgart

- Holzleim
- Bohrer (ø 1,5 mm)

Hase

- Sperrholz, 8 mm stark, 35 cm x 19 cm

Bodenplatte

- Sperrholz, 6 mm stark, 12 cm x 37 cm

Grasbüschel für's Teelicht

- Sperrholz, 6 mm stark, 9 cm x 9 cm

Teelichtumrandung

- Sperrholz, 6 mm stark, 5,5 cm x 5,5 cm

Vorlagenbogen 1

Oster-Tischdeko

Hase

Sägen Sie nach dem Aufbügeln der Vorlage alle Teile aus und schmirgeln Sie die Ränder glatt. Nun die Rückseite des Hasen aufbügeln. In die Hände, die Füße und den Körper bohren Sie an den gekennzeichneten Stellen 0,4 cm tief je ein Loch, in die Sie dann die Rundstäbe leimen. Achtung, die Hände dürfen auf keinen Fall durchbohrt, sondern nur angebohrt werden. Grundieren und bemalen Sie alle Teile. Zeichnen Sie mit dem Lackstift die Konturen nach und versiegeln Sie alles mit Dickschichtlasur.

Möhre

Arbeiten Sie nach dem gleichen Prinzip wie für den Hasen. Für das Grün der Möhre wickeln Sie ein wenig Bast um zwei Finger und schneiden dann die Enden auf. Legen Sie den Steckdraht mittig um das Bastbüschel, verzwirbeln die Enden und kleben diese in das vorgebohrte Loch der Möhre.

Serviettenständer

Verfahren Sie ebenso, wie bei dem Hasen. Bohren Sie an den gekennzeichneten Stellen je zwei Löcher in die Kanten der Bodenplatte und in die Möhren (insgesamt 8 Löcher). Schrauben und leimen Sie die Möhren an die Bodenplatte. Grundieren und bemalen Sie alle Teile. Nach dem Trocknen zeichnen Sie mit dem Lackstift die Kontur und kleben die Bastbüschel wie bei der Möhre fest. Kleben Sie jetzt die Grasflächen mit dem Kraftkleber an. Dickschichtlasur gibt dem fertigen Werk einen schönen seidigen Glanz.

Farben mischen

Orange mischen Sie mit Rot und Gelb, Grün hellen Sie mit Gelb etwas auf und das Braun wird heller, indem Sie Gelb, Weiß und Rot dazugeben.

Material

- Acryllack in Braun, Weiß, Lila, Rot, Gelb und Grün
- Dickschichtlasur, farblos
- Lackstift (edding 780, schwarz)
- Kraftkleber
- Holzleim

Ein Hase

- Sperrholz, 6 mm stark, 13 cm x 8 cm
- Rundstab, ø 4 mm, 4 x 2 cm lang
- Bohrer (ø 4 mm)

Eine Möhre

- Sperrholz, 6 mm stark, 10 cm x 3,5 cm
- Bast in Grün
- Steckdraht, ø 1 mm, 2,5 cm lang

Serviettenhalter

Möhren

- Sperrholz, 6 mm stark, 18 cm x 15 cm

Bodenplatte

- Sperrholz, 6 mm stark, 13 cm x 5 cm

Gras

- Sperrholz, 4 mm stark, 15 cm x 6 cm
- Bast in Grün
- Steckdraht, ø 1 mm, 20 cm lang
- 4 Holzschrauben, Messing, ø 2 mm, 12 mm lang
- Bohrer (ø 1,5 mm)

Vorlagenbogen 1

Frohe Ostern
Frohe Ostern
Frohe Ostern

Bienen-Mobile

Sägen Sie die drei Bienen, die Blüte und das Blatt aus. Bohren Sie die Löcher und schmirgeln die Kanten gründlich. Nach dem Transferieren der Rückseiten, grundieren Sie alle Werkstücke mit weißer Farbe und bemalen diese dann. Orientieren Sie sich an der Abbildung. Lassen Sie die Farben gut trocknen und zeichnen dann mit dem Lackstift die Konturen nach. Mit der Dickschichtlasur versiegeln Sie alle Teile und fädeln die Teile zum Aufhängen aneinander.

Material

für ein Mobile (3 Bienen, Blüte, Blatt)

- Sperrholz, 4 mm stark, 25 cm x 25 cm
- Acryllack in Weiß, Gelb, Grün, Braun und Blau
- Dickschichtlasur, farblos
- Lackstift (edding 780, schwarz)
- Nylonfaden, ø 0,3 mm, ca. 1,50 m lang
- Bohrer, ø 1 mm

Vorlagenbogen

Farben mischen

Schattieren Sie die weißen Blätter der Blüte mit etwas Blau, das Sie in die noch feuchte weiße Farbe malen. Auch die Flügel der Bienchen sind zum Rand hin bläulich. Die grünen Blätter hellen Sie mit Gelb und Weiß auf. Gelb machen Sie ein bisschen dunkler mit Braun und Rot.

Tipp

Wenn Sie die Motive doppelt oder dreifach arbeiten, begrüßt ein kleiner Bienenschwarm die ersten Sonnenstrahlen.

Am Meer

(Abbildung und Materialliste Seite 14/15)

Arbeiten Sie genauso, wie bei Piraten-Paule (siehe Seite 2). Auch bei diesen Motiven können Sie nach Herzenslust mit Farben experimentieren. Sind beide Werkstücke bemalt, und die Konturen aufgezeichnet, versiegeln Sie alles mit Dickschichtlasur.

Farben mischen

Sie werden staunen, wie lebhaft so ein Leuchtturm aussieht, wenn man ihn nicht nur uni anstreicht, sondern verschiedene Farbverläufe ausprobiert. Wichtig ist nur, dass alle Dinge nach außen hin immer dunkler werden. Für die Leuchtturmspitze mischen Sie Blau mit Weiß und Schwarz, die Farbe des Sandes erhalten Sie, wenn Sie Gelb mit viel Weiß und etwas Braun mischen. Die Holzpflöcke in Braun hellen Sie mit Gelb und Weiß auf.

Material

- 2 Rundstäbe ø 10 m, 25 cm lang
- Acryllack in Weiß, Schwarz, Gelb, Braun, Rot und Blau
- Dickschichtlasur, farblos
- Lackstift (edding 751, schwarz)
- Rundkopfstifte, Messing, ø 1,2 mm, 13 mm lang
- Holzleim

Leuchtturm

- Sperrholz, 6 mm stark, 18 cm x 25 cm

Möwe

- Sperrholz, 6 mm stark, 15 cm x 27 cm

Vorlagenbogen 2

Rettungsring

Sägen Sie alle Teile aus und glätten Sie die Kanten vorsichtig mit Schmirgelpapier. Für die Innenausschnitte bohren Sie ein kleines Loch in die auszusägende Fläche und führen das Sägeblatt hindurch. Nach dem Aufbügeln der Konturen für die Rückseite, grundieren Sie alles, bemalen die Werkstücke und zeichnen nach dem Trocknen mit einem Lackstift die Konturen nach. Versiegeln Sie alles mit Dickschichtlasur. Mit dem Nylonfaden hängen Sie den kleinen Fisch und den Anker unter den Rettungsring.

Farben mischen

Die Farbe für die Fische erhalten Sie, wenn sie Gelb mit etwas Rot mischen, vielleicht noch ein wenig Weiß hinzugeben. Den Anker mit Weiß und Schwarz abtönen.

Material

- Sperrholz, 4 mm stark, 30 cm x 30 cm
- Acryllack in Weiß, Blau, Gelb und Rot
- Dickschichtlasur, farblos
- Lackstift (edding 751, schwarz)
- Nylonfaden, ø 0,3 mm, ca. 1 m lang
- Bohrer, ø 1 mm, ø 5 mm

Vorlagenbogen 2

Witziges für`s Bad

(siehe auch Abbildung Seite 18)

So eine individuelle Zahnputzuhr ist ein schönes Geschenk, über das sich auch die Eltern freuen, denn damit putzt jedes Kind gerne die Zähne.

Farben mischen

Den Gelbton für die Zahnpastatube mischen Sie aus etwas Gelb, etwas Braun und viel Weiß. Orange bekommen Sie, wenn Sie Rot und Gelb mischen.

(Fortsetzung von Seite 16)

Bügeln Sie das Motiv vom Vorlagenbogen auf das geschmirgelte Sperrholz und sägen sie es aus. Bei der Zahnputzuhr bohren Sie das Loch für die Eieruhr. Glätten Sie die Kanten und grundieren Sie das Werkstück. Nachdem der Lack getrocknet ist, können Sie mit dem Bemalen beginnen. Nach dem Trocknen geben Sie den Schildern mit dem Lackstift Ihre ganz persönliche Note. Überziehen Sie alles mit Dickschichtlasur. Um die Schilder aufhängen zu können, kleben Sie mit Kraftkleber die Bilderklappösen an und fixieren sie mit den Nägeln, die Sie vorher auf 3 mm einkürzen müssen. Mit der Musterklammer befestigen Sie die Eieruhr auf dem Zahnputzbecher.

Tipp

Eine Eieruhr bekommen Sie in jeder Apotheke oder bei Ihrem Zahnarzt!

Material

- Acryllack in Schwarz, Weiß, Rot, Gelb, Blau, Grün und Braun
- Dickschichtlasur, farblos
- Lackstift (edding 780, schwarz)
- Bilderklappöse
- Kraftkleber

Zahnputzuhr

- Eieruhr, ca. 6 cm groß
- Musterklammer
- Bohrer, ø 4 mm

Ente

- Sperrholz, 6 mm stark, 15 cm x 20 cm

Dino

- Sperrholz, 6 mm stark, 17 cm x 20 cm

WC-Schild

- Sperrholz, 4 mm stark, 16 cm x 16 cm

Bad-Schild

- Sperrholz, 4mm stark, 17 cm x 16 cm

Vorlagen-bogen 2

Begrüßungs-Schilder

Verfahren Sie genauso, wie bei Piraten-Paule (siehe Seite 2). Die Innenausschnitte sägen Sie aus, wie bei der Schritt-für-Schritt-Anleitung auf Seite 6 beschrieben. Vergessen Sie nicht die Löcher für die „Haare" in die Raupen zu bohren. Sie müssen auch von hinten grundiert und unifarben bemalt werden, damit sie wetterfest sind. Sind alle Teile bemalt , mit Konturen verfeinert und die Schriftzüge vorsichtig nachgezogen, kleben Sie die Raupen mit Kraftkleber auf beiden Seiten des Blattes auf und fixieren sie mit 2-3 Rundkopfstiften. Schlagen Sie dazu den Rundkopfstift ein wenig ins Holz ein, knipsen dann den Kopf ab und schlagen ihn ganz ein. So sieht man die Rundkopfstifte kaum. Jetzt kleben Sie die Edelstahldrahtstücke als Haare in die Bohrungen. Mit Dickschichtlasur alles gründlich versiegeln und fertig.

Farben mischen

Versuchen Sie verschiedene Farbverläufe. Hierzu müssen Sie die noch feuchten Farben ineinander übergehen lassen.

Material

- Sperrholz, 6 mm stark, 29 cm x 30 cm
- Rundstab ø 14 mm, 50 cm lang
- Acryllack in Weiß, Gelb, Rot, Grün und Blau
- Dickschichtlasur, farblos
- Lackstift (edding 751, schwarz)
- Rundkopfstifte, Messing, ø 1,0 mm, 10 mm lang
- Edelstahldraht, blau, ø 1,5 mm
- 6 Stücke Draht, á 2-3 cm lang
- Kraftkleber
- Holzleim
- Bohrer, ø 1,5 mm

Vorlagenbogen 3

Die hungrige Maus Malte

(Abbildung Seite 22/23)

Sägen Sie den Apfel, die Maus und zwei Blätter aus und schmirgeln Sie diese an den Kanten. Mit dem Bügeleisen übertragen Sie die Konturen für die Rückseite. An den gekennzeichneten Stellen bohren Sie jeweils 2 Löcher in den Apfel und in die Maus.
Flachen Sie den Rundstab mit Hilfe eines Bandschleifers ca. 2,5 cm weit ab und leimen Sie diesen an den Apfel (Markierung beachten!) Für die „Haare" der Maus bohren Sie 3 Löcher ca. 0,5 cm tief in die Maus. Jetzt grundieren Sie alle Teile mit weißer, verdünnter Acrylfarbe. Nach dem Trocknen der Farbe, bemalen Sie alle vier Teile von beiden Seiten (auch die Blätter!) nach Belieben. Farbverläufe von Gelb nach Rot sehen besonders gut aus.

HALLO
Tschüss

(Fortsetzung von Seite 20)

Ist die Farbe gut durchgetrocknet (am besten über Nacht), zeichnen Sie mit dem Lackstift die Konturen nach. Mit dem Kraftkleber kleben Sie die Blätter von beiden Seiten auf den Apfel und fixieren sie mit je zwei Rundkopfstiften. Hierzu schlagen Sie den Stift leicht ins Holz, kneifen dann mit einer Zange den Kopf des Stiftes ab und schlagen ihn dann ganz ein. So kann man die Stifte kaum erkennen. Mit der Dickschichtlasur versiegeln Sie nun alle Teile. Nach dem Trocknen kleben Sie die „Haare" in die dafür vorgesehenen Löcher und fädeln die Maus mit zwei Nylonfäden stramm in den Apfel.
Viel Spaß mit Malte.

Farben mischen

Für die Maus mischen Sie viel Weiß mit wenig Blau und etwas Schwarz. Braun erhält man, wenn man Blau und Rot mit etwas Gelb mischt.

Material

- Sperrholz, 6mm stark, 33 cm x 30 cm
- Acryllack in Weiß, Rot, Gelb, Grün, Blau, Schwarz
- Rundstab ø 14 mm, ca. 45 cm lang
- Lackstift (edding 751, schwarz)
- Dickschichtlasur, farblos
- Rundkopfstifte aus Messing, ø 1,2 mm, 13 mm lang
- Holzleim
- Nylonfaden, ø 0,3 mm, ca. 30 cm lang
- Edelstahldraht, blau, ø 1,5 mm, 3 x ca. 2 cm lang
- Kraftkleber
- Bohrer, ø 1,5 mm

Vorlagenbogen 3

It´s Halloween

Arbeiten Sie den Kürbis und die Fledermaus nach dem gleichen Prinzip, wie Piraten-Paule auf Seite 2.

Farben mischen

Den Kürbis malen Sie ganz orange und schattieren dann an den Rändern mit Rot und in der Mitte mit Gelb und Weiß. Hierbei führen Sie den Pinsel immer von oben nach unten.
Für den Hut habe ich Blau mit Schwarz gemischt und mit Lila und Weiß an manchen Stellen aufgehellt.
Der Körper der Fledermaus wird mit einem hellen Lila bemalt (Lila mit Weiß vermischt). Die Flügel werden mutig mit Blau und Schwarz und einem Hauch Weiß schattiert.

Material

- Acryllack in Schwarz, Weiß, Orange, Gelb, Rot, Blau und Lila
- Dickschichtlasur, farblos
- Lackstift (edding 751, schwarz)
- Rundkopfstifte aus Messing, ø 1,2 mm, 13 mm lang
- Holzleim

Kürbis

- Sperrholz, 6 mm stark, 19 cm x 29 cm
- Rundstab, ø 10 mm, ca. 25 cm lang

Fledermaus

- Sperrholz, 6 mm stark, 13 cm x 26 cm
- Rundstab, ø 10 mm, ca. 40 cm lang

Vorlagenbogen 3

Schneemänner

Nach dem Glätten der Holzfläche, übertragen Sie die Vorlage auf das Sperrholz. Aussägen und auf die Rückseite die Konturen aufbügeln. Die Kanten abschmirgeln. Dann nageln Sie das Werkstück an den Rundstab (siehe Beschreibung „Piraten-Paule" auf Seite 2).
Grundieren Sie das Teil mit verdünnter, weißer Acrylfarbe und lassen diese gut trocknen. Die aufgebügelten Konturen scheinen durch die weiße Farbe hindurch. Nach dem Bemalen und erneutem Trocknen können Sie die Konturen mit dem Lackstift nachzeichnen. Mit der Dickschichtlasur versiegeln Sie dann nicht nur die Schneemänner, sondern auch die Rundstäbe.

Farben mischen

Bemalen Sie zuerst das Weiß der Schneemänner und dann den Rest. Orange mischen Sie aus Gelb und Rot.

Material

- 2 Rundstäbe ø 10 mm, ca. 25 cm lang Acryllack in Weiß, Gelb, Rot, Blau
- Dickschichtlasur, farblos
- Lackstift (edding 751, schwarz)
- Rundkopfstifte aus Messing, ø 1,2 mm, 13 mm lang
- Holzleim

Schneemann mit Eimer

- Sperrholz, 6 mm stark, 15 cm x 23 cm

Schneemann mit Halstuch

- Sperrholz, 6 mm stark, 12 cm x 16 cm

Vorlagenbogen 4

Engel und Nikolaus, nicht nur für den Tannenbaum...

Bügeln Sie die Motive vom Vorlagenbogen auf das geschmirgelte Sperrholz und sägen Sie sie aus. Bohren Sie jetzt je ein Loch in die markierte Stelle. Glätten Sie die Kanten, transferieren Sie die Konturen für die Rückseiten und grundieren Sie die Werkstücke. Nachdem der Lack getrocknet ist, können Sie mit dem Bemalen beginnen. Es empfiehlt sich, einige feine Pinsel zu benutzen. Zeichnen Sie nach dem Trocknen die Konturen mit dem Lackstift auf. Mit Dickschichtlasur versiegeln Sie das Werkstück. Mit dem Nylonfaden lassen sich die kleinen Kerle überall aufhängen.

Farben mischen

Die Hautfarbe mischen Sie aus viel Weiß, etwas Gelb und einem Hauch Rot. Dunkelbraun entsteht, wenn Sie Rot mit Blau und etwas Gelb mischen.

Material

- Acryllack in Weiß, Gelb, Rot, Grün, Blau und Braun
- Dickschichtlasur, farblos
- Lackstift (edding 780, schwarz)
- Nylonfaden, ø 0,3 mm
- Bohrer, ø 1 mm

Engel

- Sperrholz, 4 mm stark, 10 cm x 10 cm

Engel auf Schaukelpferd

- Sperrholz, 4 mm stark, 10 cm x 10 cm

Nikolaus

- Sperrholz, 4 mm stark, 8 cm x 9 cm

Vorlagenbogen 4

Tipp

Aus diesen Anhängern lassen sich schöne Weihnachtskarten erstellen. Mehr dazu ab Seite 30.

Ein ganz besonderer Weihnachtsgruß

(Anleitung Seite 32)

Frohe

Ein ganz besonderer Weihnachtsgruß

(Abbildung Seite 30/31)

Die Holzmotive für die Karten arbeiten Sie nach dem gleichen Prinzip, wie die Engel und den Nikolaus (siehe Anleitung, Seite 29). Bemalen Sie sie von beiden Seiten, dann können sie sich auch ruhig drehen. Um den Goldglimmer aufzutragen, streuen Sie diesen in die noch feuchte Farbe.
Sie müssen allerdings an jeden Holzanhänger zwei Nylonfäden festknoten. Einen oben und einen unten. Die Fäden verhindern, dass der Anhänger herumbaumelt.
Schneiden Sie aus Tonpapier die verschiedenen Details für die Hintergründe nach den Vorlagen aus. Kleben Sie die Details auf die Karten und zeichnen Sie mit dem goldenen Lackstift die Notenlinien, Sterne, den Schriftzug etc. Auf der Innenseite der Karte knoten Sie die Nylonfäden zusammen und kleben einen Stern aus Tonpapier über den Knoten.

Tipp

Wenn die Karte nach dem Weihnachtsfest in einer Schublade landet, erinnert der Holzanhänger bestimmt jedes Jahr erneut an den Absender.

Material

- Acryllack in den Farben Weiß, Rot, Gelb, Grün, Schwarz und Gold
- Dickschichtlasur, farblos
- Lackstift (edding 780, schwarz)
- Nylonfaden, ø 0,3 mm
- Bohrer, ø 1 mm
- Goldglimmer
- Tonpapier in Rot, Gelb, Weiß, Blau
- Karten, A6 in Gelb und Blau
- Lackstift in Gold

Abstrakte Tanne

- Sperrholz, 4 mm stark, 9 cm x 12 cm

Nikolauskopf und Tanne

- Sperrholz, 4 mm stark, 8 cm x 13 cm

Maus auf Noten

- Sperrholz, 4 mm stark, 9 cm x 11 cm

Sterne

- Sperrholz, 4 mm stark, 11 cm x 13 cm
- 2 gelbe Holzperlen, ø 0,5 cm

Engel

- Sperrholz, 4 mm stark, 10 cm x 13 cm

Vorlagenbogen 4